Le Pigeon Qui Connaissait L'Alphabet: Histoires Bilingues Anglais-Français

My Pommeline

Published by My Pommeline, 2024.

While every precaution has been taken in the preparation of this book, the publisher assumes no responsibility for errors or omissions, or for damages resulting from the use of the information contained herein.

LE PIGEON QUI CONNAISSAIT L'ALPHABET: HISTOIRES BILINGUES ANGLAIS-FRANÇAIS

First edition. October 22, 2024.

Copyright © 2024 My Pommeline.

ISBN: 979-8227188748

Written by My Pommeline.

Table of Contents

The Pigeon Who Knew the Alphabet

Once upon a time, in a bustling city filled with towering buildings and winding streets, there lived a very special pigeon named Percy. Now, Percy wasn't like any other pigeon in the park. While most of his bird friends spent their days cooing and pecking at crumbs, Percy had a secret talent. He was the only pigeon who could read!

It all started one bright morning when Percy, perched on a lamppost, noticed something unusual. As he watched the humans go about their day, he noticed colorful signs all around the city. These signs had strange shapes and squiggles, and the humans seemed to follow what the signs said.

Curious as ever, Percy flew down to a large park sign and stared at it for a long time. "I wonder what these shapes mean," he thought. Just then, a little girl passed by with a book in her hand. Percy tilted his head and hopped closer. The book was full of letters, just like the ones on the sign. Day after day, Percy would sit by the park, watching the humans read, listening to the sounds they made when they looked at the letters. Slowly but surely, Percy began to understand. The shapes had names! A, B, C... and soon enough, Percy knew the entire alphabet!

Excited by his discovery, Percy flew off to share the news with his bird friends. He landed near a group of pigeons by the fountain, puffing out his chest with pride.

"Guess what, everyone? I've learned to read!" Percy announced.

The pigeons cooed and flapped their wings in confusion. "Read? What's that?" asked Penny, a curious young pigeon.

Percy explained, "Those funny shapes on the signs? They're called letters! They make words, and words tell us important things."

The pigeons still didn't quite understand, but they trusted Percy. "Show us!" said Pete, a plump pigeon with a soft gray belly.

Percy led the pigeons to a street sign that read "Library." He pointed with his beak to the letters. "L-I-B-R-A-R-Y. It means there's a building full of books over there," he explained.

The pigeons blinked. "And what's a book?" asked Penny.

"Books are where humans keep all their stories and knowledge. If we can read, we can learn so much more about the city!" Percy said, fluttering his wings with excitement.

Over the next few weeks, Percy held reading lessons for the pigeons. One by one, they started to recognize letters and words. They could now read street signs, menus outside cafes, and even shop windows! This new knowledge made navigating the busy city streets so much easier.

But trouble was brewing. A group of mischievous humans had started causing problems in the park. They threw stones at the birds and tried to chase them away with sticks. The pigeons were scared, and they didn't know what to do.

One afternoon, as Percy and his friends rested by a quiet alleyway, they overheard the humans laughing and planning their next prank. "Let's put up fake signs to confuse everyone!" one of them snickered. "We'll write 'No Pigeons Allowed' and trick the birds into thinking they're banned from the park!"

Percy's eyes widened. "We can't let them get away with this!" he said. "But how can we stop them?"

Then, an idea sparked in his mind. "We'll use the signs to our advantage!" Percy quickly gathered his flock and explained his plan. The pigeons would fly ahead of the humans, read the signs they were putting up, and then change the course of their friends before the pranksters could cause any harm.

The next day, the mischievous humans began their prank. They set up fake signs with mean messages, thinking the pigeons would get confused. But little did they know, Percy and his team of letter-savvy pigeons were one step ahead.

As soon as a new sign went up, Percy swooped in with his team. "Everyone, head to the bakery instead! There's fresh bread there!" Percy called out, reading the real sign that pointed toward the bakery.

The pigeons followed Percy, ignoring the fake signs. They flapped their wings happily as they enjoyed their crumb-filled feast while the pranksters watched in frustration.

The humans tried again, this time putting up signs near the fountain that said, "Pigeon Trap Ahead!" But Percy was too clever for them. “Nope! This way, everyone! There’s a safe perch on the library roof,” he shouted, leading the flock to safety.

After a few more failed attempts, the pranksters gave up. They couldn’t believe the pigeons weren’t falling for their tricks. “How are they outsmarting us?” one of them grumbled, scratching his head in confusion.

What the humans didn’t know was that the pigeons had learned something far more powerful than tricks or traps—they had learned to read. And with knowledge on their side, no prank could ever fool them.

From that day on, the pigeons of the city became known as the smartest flock around. They used their newfound literacy skills to help one another find the best food spots, the safest nests, and even avoid tricky streets filled with cars.

As for Percy, he became a hero among pigeons. Whenever a new bird joined the flock, he would proudly teach them the alphabet, sharing his love for learning with all.

And so, the clever pigeons of the city continued to live in harmony, outsmarting anyone who dared to mess with them, proving that with education and teamwork, even the smallest creatures can achieve great things.

Le Pigeon Qui Connaissait L'Alphabet

Il était une fois, dans une ville animée remplie de gratte-ciel et de rues sinueuses, un pigeon très spécial nommé Percy. Percy n'était pas comme les autres pigeons du parc. Alors que la plupart de ses amis passaient leurs journées à roucouler et à picorer des miettes, Percy avait un talent secret. Il était le seul pigeon à savoir lire !

Tout a commencé un beau matin, alors que Percy, perché sur un lampadaire, remarqua quelque chose d'inhabituel. En observant les humains vaquer à leurs occupations, il aperçut des panneaux colorés tout autour de la ville. Ces panneaux étaient couverts de formes et de zigzags étranges, et les humains semblaient suivre ce que les panneaux indiquaient.

Curieux comme toujours, Percy vola vers un grand panneau du parc et le fixa longuement. « Je me demande ce que signifient ces formes », pensa-t-il. Juste à ce moment-là, une petite fille passa avec un livre à la main. Percy pencha la tête et s'approcha en sautillant. Le livre était plein de lettres, tout comme celles sur le panneau. Jour après jour, Percy s'asseyait près du parc, observant les humains lire, écoutant les sons qu'ils faisaient en regardant les lettres. Peu à peu, Percy commença à comprendre. Les formes avaient des noms ! A, B, C... et bientôt, Percy connaissait tout l'alphabet !

Excité par sa découverte, Percy s'envola pour partager la nouvelle avec ses amis pigeons. Il atterrit près d'un groupe de pigeons près de la fontaine, bombant le torse avec fierté.

« Devinez quoi, tout le monde ? J'ai appris à lire ! » annonça Percy.

Les pigeons roucoulèrent et battirent des ailes, perplexes. « Lire ? Qu'est-ce que c'est ? » demanda Penny, une jeune pigeonne curieuse.

Percy expliqua : « Ces formes bizarres sur les panneaux ? Ce sont des lettres ! Elles forment des mots, et les mots nous disent des choses importantes. »

Les pigeons ne comprenaient toujours pas très bien, mais ils faisaient confiance à Percy. « Montre-nous ! » dit Pete, un pigeon dodu avec un ventre gris doux.

Percy conduisit les pigeons à un panneau de rue sur lequel était écrit « Bibliothèque ». Il pointa les lettres avec son bec. « B-I-B-L-I-O-T-H-È-Q-U-E. Cela veut dire qu'il y a un bâtiment rempli de livres là-bas, » expliqua-t-il.

Les pigeons clignèrent des yeux. « Et qu'est-ce qu'un livre ? » demanda Penny.

« Les livres sont là où les humains gardent toutes leurs histoires et leurs connaissances. Si nous savons lire, nous pouvons apprendre beaucoup plus de choses sur la ville ! » dit Percy, battant des ailes avec enthousiasme.

Au cours des semaines suivantes, Percy donna des cours de lecture aux pigeons. Un par un, ils commencèrent à reconnaître les lettres et les mots. Ils pouvaient désormais lire les panneaux de rue, les menus des cafés et même les vitrines des magasins ! Cette nouvelle connaissance rendait la navigation dans les rues animées de la ville beaucoup plus facile.

Mais des ennuis se préparaient. Un groupe d'humains farceurs avait commencé à poser des problèmes dans le parc. Ils jetaient des pierres aux oiseaux et essayaient de les chasser avec des bâtons. Les pigeons étaient effrayés et ne savaient pas quoi faire.

Un après-midi, alors que Percy et ses amis se reposaient dans une ruelle tranquille, ils entendirent les humains rire et préparer leur prochaine blague. « Mettons des faux panneaux pour tromper tout le monde ! » ricana l'un d'eux. « Nous allons écrire 'Pigeons Interdits' et faire croire aux oiseaux qu'ils sont bannis du parc ! »

Les yeux de Percy s'agrandirent. « Nous ne pouvons pas les laisser faire ! » dit-il. « Mais comment pouvons-nous les arrêter ? »

Puis, une idée jaillit dans son esprit. « Nous allons utiliser les panneaux à notre avantage ! » Percy rassembla rapidement son troupeau et leur expliqua son plan. Les pigeons voleraient devant les humains, liraient les panneaux qu'ils mettaient en place, puis changeraient la direction de leurs amis avant que les farceurs ne puissent leur faire du mal.

Le lendemain, les humains farceurs commencèrent leur blague. Ils installèrent de faux panneaux avec des messages méchants, pensant que les pigeons seraient confus. Mais ils ignoraient que

Percy et son équipe de pigeons lettrés avaient une longueur d'avance.

Dès qu'un nouveau panneau était installé, Percy arrivait avec son équipe. « Tout le monde, direction la boulangerie ! Il y a du pain frais là-bas ! » cria Percy en lisant le véritable panneau indiquant la boulangerie.

Les pigeons suivirent Percy, ignorant les faux panneaux. Ils battirent des ailes joyeusement en savourant leur festin de miettes pendant que les farceurs les observaient, frustrés.

Les humains réessayèrent, cette fois en plaçant des panneaux près de la fontaine indiquant « Piège à Pigeons ! ». Mais Percy était trop malin pour eux. « Non ! Par ici, tout le monde ! Il y a un perchoir sûr sur le toit de la bibliothèque, » cria-t-il, guidant le troupeau vers la sécurité.

Après quelques tentatives infructueuses, les farceurs abandonnèrent. Ils n'arrivaient pas à croire que les pigeons ne tombaient pas dans leurs pièges. « Comment peuvent-ils être plus malins que nous ? » grogna l'un d'eux, se grattant la tête, perplexe.

Ce que les humains ignoraient, c'est que les pigeons avaient appris quelque chose de bien plus puissant que des astuces ou des pièges : ils avaient appris à lire. Et avec le savoir de leur côté, aucun tour ne pourrait jamais les tromper.

À partir de ce jour, les pigeons de la ville furent connus comme le troupeau le plus intelligent. Ils utilisèrent leurs nouvelles compétences en lecture pour s'entraider, trouver les meilleurs endroits pour se nourrir, les nids les plus sûrs, et même éviter les rues dangereuses remplies de voitures.

Quant à Percy, il devint un héros parmi les pigeons. Chaque fois qu'un nouvel oiseau rejoignait le troupeau, il lui apprenait fièrement l'alphabet, partageant son amour pour l'apprentissage avec tous.

Ainsi, les pigeons malins de la ville continuèrent de vivre en harmonie, déjouant quiconque osait les embêter, prouvant qu'avec l'éducation et le travail d'équipe, même les plus petites créatures peuvent accomplir de grandes choses.

The Boy Who Taught the Sun to Shine

Once upon a time, in a world not so far from our own, there was a boy named Leo who lived in a quiet village at the edge of the world. Leo wasn't like the other children—while they spent their days laughing and playing, Leo often sat alone, staring up at the sky. He loved watching the clouds drift lazily across the horizon and feeling the warmth of the sun on his face, but something always felt missing to him.

The sun, though bright, never seemed to shine as brilliantly as it could. Its light was soft, its warmth gentle, but deep inside, Leo felt that the sun had the potential to glow with a power that could make the world sparkle in ways no one had ever imagined.

One evening, as the last rays of sunlight kissed the earth goodnight, Leo whispered up to the fading light, "I wish you could shine brighter, Sun. I wish you believed in yourself as much as I believe in you."

To his surprise, the sun answered.

A soft voice, gentle as a breeze, echoed down from the sky. "I've tried, little one," said the Sun. "But something holds me back. I don't know how to shine brighter. I'm afraid if I try too hard, I'll burn out."

Leo sat up, eyes wide. "But you don't have to be afraid! I can help you. We'll figure it out together."

And so began Leo's journey across magical lands to teach the Sun how to shine brighter.

The next morning, Leo set out with a heart full of hope and determination. The sun, hovering low in the sky, followed him as he walked through valleys and forests, across rivers and hills. Everywhere they went, the world seemed a little dimmer than it could be, as though the Sun's lack of confidence had spread to the earth itself.

Their first stop was a land of towering trees with leaves that shimmered like emeralds. The light here was soft, and the birds sang sweet melodies, but something felt incomplete. Leo looked up at the Sun, hovering shyly between the treetops. "Why are you hiding?" he asked.

"I'm not sure anyone really needs my light," the Sun replied. "The trees seem to be doing just fine without me."

Leo smiled kindly. "That's not true. Look closely."

The Sun did as Leo asked, and soon, it noticed the shadows beneath the trees, where small flowers were struggling to bloom. Their petals were pale and fragile, barely reaching for the light.

"You see?" said Leo. "Without your light, they can't grow. You're needed here."

The Sun beamed just a little brighter, and as its rays touched the ground, the flowers began to open, their colors bursting into life—bright yellows, deep purples, and vibrant reds. The birds sang louder, and the trees seemed to sway with happiness.

Feeling a bit more confident, the Sun followed Leo as they traveled to the next land.

This time, they arrived at a sparkling lake, its waters cool and still. But the surface of the lake didn't shimmer as it should have. The Sun hesitated again. "What if my light is too strong? What if I ruin the peace of this place?" the Sun wondered.

Leo knelt by the water, dipping his fingers in the cool ripples. "But without your light, the water can't reflect its true beauty," he said softly. "The lake is waiting for you to show it how beautiful it can be."

The Sun took a deep breath and let its light stretch over the lake. Slowly, the water began to glisten, reflecting the golden rays in thousands of tiny sparkles. Fish swam near the surface, their scales catching the sunlight, and the whole lake seemed to come alive with a shimmering dance of light and water.

"You did it!" Leo cheered. "See? You're making the world brighter, one step at a time."

The Sun glowed with pride, and they continued their journey.

After days of travel, they came to the final land—a vast desert of golden sands. The air was still, and the horizon stretched out endlessly, but the desert was cold and dark. The Sun looked worried. "What if I can't shine enough to warm this place? It's so big..."

Leo thought for a moment. "You've already made the flowers bloom and the lake shimmer. You've helped so many along the way. Don't you see? You've become brighter just by helping others. You've given the world your light, and in doing so, you've become stronger."

The Sun, inspired by Leo's words, rose higher in the sky, letting its light pour over the endless dunes. The sands turned from dull beige to a warm golden glow, stretching far and wide. The desert, once silent, was now filled with life—tiny creatures peeked out from their burrows, and the air became warm and gentle.

Leo smiled up at the Sun, now shining with a strength and warmth that made the whole world feel alive. "You did it," he said. "You've always had the power inside you. You just needed to believe in yourself."

The Sun glowed brighter than ever before, filling the sky with light and warmth. "Thank you, Leo," the Sun said softly. "You've taught me how to shine."

But Leo shook his head. "No, Sun. You already knew how to shine. I just helped you see it."

As the day came to an end and the Sun began to set, it left the world bathed in the most beautiful golden light. Leo returned to his village, his heart full of joy. He had helped the Sun, but in doing so, he had learned something important too. By helping others, he had found his own strength, his own light.

From that day on, the Sun shone brighter, and Leo knew that as long as he believed in himself—and helped others see their own potential—the world would always be a brighter, warmer place.

And so, the boy who taught the Sun to shine had also taught himself the true power of self-confidence and kindness.

Le Garçon qui Apprit au Soleil à Briller

Il était une fois, dans un monde pas si lointain du nôtre, un garçon nommé Léo qui vivait dans un petit village au bord du monde. Léo n'était pas comme les autres enfants—pendant qu'ils passaient leurs journées à rire et à jouer, Léo s'asseyait souvent seul, les yeux levés vers le ciel. Il aimait regarder les nuages dériver paresseusement à l'horizon et sentir la chaleur du soleil sur son visage, mais quelque chose lui semblait toujours manquer.

Le soleil, bien que lumineux, ne semblait jamais briller aussi intensément qu'il le pouvait. Sa lumière était douce, sa chaleur légère, mais au fond de lui, Léo sentait que le soleil avait le potentiel de rayonner avec une puissance capable de faire scintiller le monde d'une manière que personne n'aurait jamais imaginée.

Un soir, alors que les derniers rayons du soleil embrassaient la terre pour lui dire bonne nuit, Léo murmura à la lumière qui s'évanouissait : « J'aimerais que tu puisses briller plus fort, Soleil. J'aimerais que tu croies en toi autant que moi je crois en toi. »

À sa grande surprise, le soleil répondit.

Une voix douce, légère comme une brise, résonna dans le ciel. « J'ai essayé, petit, » dit le Soleil. « Mais quelque chose me retient. Je ne sais pas comment briller plus fort. J'ai peur que si j'essaie trop, je m'éteindrai. »

Léo se redressa, les yeux écarquillés. « Mais tu n'as pas à avoir peur ! Je peux t'aider. Nous allons trouver une solution ensemble. »

Et ainsi commença le voyage de Léo à travers des terres magiques pour apprendre au Soleil à briller plus fort.

Le lendemain matin, Léo partit avec un cœur plein d'espoir et de détermination. Le soleil, planant bas dans le ciel, le suivit alors qu'il traversait des vallées et des forêts, franchissant des rivières et des collines. Partout où ils allaient, le monde semblait un peu plus terne qu'il ne le pouvait, comme si le manque de confiance du Soleil s'était répandu sur la terre elle-même.

Leur premier arrêt fut une terre de grands arbres dont les feuilles scintillaient comme des émeraudes. La lumière y était douce, et les oiseaux chantaient des mélodies douces, mais quelque chose semblait incomplet. Léo leva les yeux vers le Soleil, qui se cachait timidement entre les cimes des arbres. « Pourquoi te caches-tu ? » demanda-t-il.

« Je ne suis pas sûr que quelqu'un ait vraiment besoin de ma lumière, » répondit le Soleil. « Les arbres semblent bien se débrouiller sans moi. »

Léo sourit gentiment. « Ce n'est pas vrai. Regarde de plus près. »

Le Soleil fit ce que Léo lui demanda, et bientôt, il remarqua les ombres sous les arbres, là où de petites fleurs peinaient à fleurir. Leurs pétales étaient pâles et fragiles, atteignant à peine la lumière.

« Tu vois ? » dit Léo. « Sans ta lumière, elles ne peuvent pas grandir. Tu es nécessaire ici. »

Le Soleil brilla un peu plus fort, et au moment où ses rayons touchèrent le sol, les fleurs commencèrent à s'ouvrir, leurs couleurs éclatant—jaunes vifs, pourpres profonds, et rouges vibrants. Les oiseaux chantèrent plus fort, et les arbres semblèrent se balancer de bonheur.

Se sentant un peu plus confiant, le Soleil suivit Léo alors qu'ils continuaient leur voyage vers la prochaine terre.

Cette fois, ils arrivèrent à un lac scintillant, ses eaux fraîches et calmes. Mais la surface du lac ne brillait pas comme elle aurait dû. Le Soleil hésita à nouveau. « Et si ma lumière était trop forte ? Et si je gâchais la paix de cet endroit ? » se demanda le Soleil.

Léo s'agenouilla près de l'eau, trempant ses doigts dans les ondulations fraîches. « Mais sans ta lumière, l'eau ne peut pas refléter sa vraie beauté, » dit-il doucement. « Le lac attend que tu lui montres à quel point il peut être magnifique. »

Le Soleil prit une profonde inspiration et laissa sa lumière s'étendre sur le lac. Lentement, l'eau commença à scintiller, reflétant les rayons dorés en des milliers de petites étincelles. Les poissons nagèrent près de la surface, leurs écailles capturant la lumière du Soleil, et tout le lac sembla s'animer dans une danse scintillante de lumière et d'eau.

« Tu l'as fait ! » s'exclama Léo. « Tu vois ? Tu rends le monde plus lumineux, petit à petit. »

Le Soleil brilla de fierté, et ils poursuivirent leur voyage.

Après plusieurs jours de voyage, ils atteignirent la dernière terre—un vaste désert de sables dorés. L'air était immobile, et l'horizon s'étendait à perte de vue, mais le désert était froid et sombre. Le Soleil semblait inquiet. « Et si je ne pouvais pas briller assez fort pour réchauffer cet endroit ? Il est tellement grand... »

Léo réfléchit un instant. « Tu as déjà fait éclore les fleurs et fait scintiller le lac. Tu as aidé tant d'autres en chemin. Ne vois-tu pas ? Tu es devenu plus brillant simplement en aidant les autres. Tu as donné ta lumière au monde, et en le faisant, tu es devenu plus fort. »

Le Soleil, inspiré par les mots de Léo, s'éleva plus haut dans le ciel, laissant sa lumière se répandre sur les dunes sans fin. Les sables passèrent du beige terne à une lueur dorée et chaleureuse, s'étendant loin à l'horizon. Le désert, autrefois silencieux, se remplit de vie—de petites créatures sortirent de leurs terriers, et l'air devint chaud et doux.

Léo leva les yeux vers le Soleil, qui brillait maintenant avec une force et une chaleur qui faisaient sentir au monde entier qu'il était vivant. « Tu as réussi, » dit-il. « Tu as toujours eu ce pouvoir en toi. Il te suffisait d'y croire. »

Le Soleil brilla plus fort que jamais, remplissant le ciel de lumière et de chaleur. « Merci, Léo, » dit doucement le Soleil. « Tu m'as appris à briller. »

Mais Léo secoua la tête. « Non, Soleil. Tu savais déjà comment briller. Je t'ai juste aidé à le voir. »

Alors que la journée touchait à sa fin et que le Soleil commençait à se coucher, il laissa le monde baigné dans une lumière dorée des plus belles. Léo retourna dans son village, le cœur rempli de joie. Il avait aidé le Soleil, mais en le faisant, il avait aussi appris quelque chose d'important. En aidant les autres, il avait découvert sa propre force, sa propre lumière.

À partir de ce jour, le Soleil brilla plus fort, et Léo savait que tant qu'il croyait en lui-même—et aidait les autres à voir leur propre potentiel—le monde serait toujours un endroit plus lumineux et plus chaleureux.

Et ainsi, le garçon qui apprit au soleil à briller apprit aussi à lui-même la véritable puissance de la confiance en soi et de la gentillesse.

The Upside-Down Village

In the heart of a small, peaceful valley, nestled between rolling hills, there was a village like no other—a village that had once been perfectly ordinary but had become extraordinary thanks to one mischievous inventor. This was the Upside-Down Village, where nothing was quite as it seemed.

The village had once been called Tiptop, and its name fit it well. Everything in Tiptop was neat and proper. The streets were clean, the houses perfectly aligned, and the villagers went about their business in the same routine every day. But that all changed when Professor Potts arrived.

Professor Potts was not like the other villagers. He had wild, curly hair, thick glasses that constantly slid down his nose, and a strange fondness for peculiar inventions. He lived in a crooked house at the edge of the village, and though the villagers found him odd, they tolerated him—after all, he hadn't caused too much trouble.

That is, until the day he unveiled his latest invention: The Upside-Down-O-Matic.

It happened on a sunny afternoon. The villagers were gathered in the town square for their usual market day when Professor Potts appeared with a giant contraption on wheels. It was a tangled mess of gears, wires, and tubes, with a big lever sticking out of the top.

"What is that?" asked Mrs. Wibble, the baker, as she dusted flour from her hands.

Professor Potts grinned, pushing his glasses up his nose. "This, dear friends, is my newest invention! The Upside-Down-O-Matic! It will change your lives in the most marvelous way!"

The villagers exchanged wary glances. Professor Potts's last invention, a self-cleaning broom, had exploded in Mr. Tibbins' shop and covered everything in soot.

"I'm not so sure we need anything turned upside-down," muttered Mr. Flummox, the shopkeeper.

"Nonsense!" cried Professor Potts. "You'll see. Life will be far more interesting after a little upside-down magic!"

And with that, before anyone could stop him, Professor Potts pulled the lever.

There was a loud whirr followed by a bright flash of light. The ground rumbled beneath the villagers' feet, and suddenly, everything changed.

When the flash faded, the villagers rubbed their eyes and gasped. The entire village had been turned upside down! Houses were hanging from the sky, chimneys pointing toward the ground. Trees had their roots in the air, and the leaves stretched down like upside-down umbrellas. Even the streets and the market stalls were flipped over, with fruits and vegetables floating above the villagers' heads.

At first, there was chaos. Mrs. Wibble's pies floated away, and Mr. Flummox's shelves of jars hung precariously from the ceiling of his upside-down shop. The children squealed with delight as they floated off the ground, but their parents were less amused.

"What have you done, Potts?" cried Mrs. Wibble, waving a rolling pin in the air as she floated helplessly beside her bakery.

Professor Potts scratched his head. "Well, I didn't expect this exactly," he admitted. "But don't worry! I'm sure we can figure it out."

The villagers weren't so sure, and they spent the rest of the day grumbling as they tried to navigate their strange, new world. Some floated too high and got stuck upside-down in trees, while others struggled to keep their belongings from drifting off into the sky.

But as the days passed, something curious began to happen.

At first, the villagers simply tried to adapt. They tied their shoes to heavy rocks to keep them from floating away, and they used ladders to reach their upside-down houses. But soon, they started finding unexpected joys in their topsy-turvy world.

Little Lucy Figgins, who had always been scared of climbing trees, discovered that in the Upside-Down Village, she could float up to the highest branches with ease. She spent her afternoons floating through the air, laughing as the wind tickled her face.

Mr. Tibbins, the blacksmith, found that working upside-down wasn't so bad after all. In fact, it gave him a whole new perspective on his craft. He started making the most beautiful, intricate upside-down sculptures out of metal, which the villagers admired greatly.

Mrs. Wibble, whose pies had once floated away, learned to bake them in her upside-down oven, and they came out even fluffier and tastier than before. "The secret's in the air!" she said with a wink, as her pies drifted gently down to the villagers.

Even Mr. Flummox, the grumpy shopkeeper, had to admit that his upside-down shop was attracting more customers than ever. People came from far and wide to see the floating shelves and marvel at the topsy-turvy displays.

The villagers soon discovered that their new world wasn't so bad after all. Sure, it took some getting used to, but once they embraced the changes, they found that life was much more fun. They held upside-down picnics, where they ate floating sandwiches, and they played games of upside-down tag, where the children floated through the air like balloons.

As for Professor Potts, he was delighted with the results. "I knew you'd love it!" he said, bouncing around happily. "The Upside-Down-O-Matic may have gone a bit too far, but look how creative you've all become!"

One day, after the villagers had grown quite used to their upside-down lives, a group of travelers arrived in the valley. They were confused by what they saw—a village turned upside-down, with people floating through the air and houses hanging from the sky.

"How do you live like this?" one of the travelers asked, eyes wide.

The villagers just smiled. "It's not so hard once you get the hang of it," said Mrs. Wibble. "In fact, we wouldn't have it any other way."

Leo Figgins, who had become quite the adventurer since the village turned upside down, chimed in. "We've learned that sometimes, when life flips you upside down, you just have to find the fun in it. You might discover something amazing!"

The travelers left, still scratching their heads, but the villagers knew that their upside-down world was something special. They had learned to adapt, to find joy in the unexpected, and to make the best of any situation.

And so, the Upside-Down Village continued to thrive, a place where creativity, laughter, and floating pies were just part of everyday life.

Le Village à l'Envers

Au cœur d'une petite vallée paisible, niché entre des collines verdoyantes, se trouvait un village pas comme les autres — un village qui avait été parfaitement ordinaire, mais qui était devenu extraordinaire grâce à un inventeur farceur. C'était le Village à l'Envers, où rien n'était tout à fait comme il semblait.

Le village s'appelait autrefois Tiptop, et son nom lui allait bien. Tout à Tiptop était propre et bien rangé. Les rues étaient impeccables, les maisons alignées parfaitement, et les villageois vaquaient à leurs occupations quotidiennes selon la même routine, jour après jour. Mais tout cela changea le jour où le Professeur Potts arriva.

Le Professeur Potts n'était pas comme les autres villageois. Il avait des cheveux bouclés et sauvages, des lunettes épaisses qui glissaient constamment sur son nez, et un goût étrange pour les inventions bizarres. Il vivait dans une maison bancale à la lisière du village, et bien que les villageois le trouvassent étrange, ils le toléraient — après tout, il n'avait pas encore causé trop de problèmes.

Jusqu'au jour où il dévoila sa dernière invention : l'Envers-O-Matique.

Cela se passa un après-midi ensoleillé. Les villageois s'étaient rassemblés sur la place du marché pour leur marché habituel quand le Professeur Potts apparut avec une énorme machine sur des roues. C'était un enchevêtrement de rouages, de fils et de tubes, avec un grand levier qui dépassait du dessus.

« Qu'est-ce que c'est ? » demanda Mme Wibble, la boulangère, en essuyant de la farine de ses mains.

Le Professeur Potts sourit, poussant ses lunettes sur son nez. « Ceci, chers amis, est ma toute nouvelle invention ! L'Envers-O-Matique ! Elle changera vos vies de la manière la plus merveilleuse ! »

Les villageois échangèrent des regards méfiants. La dernière invention du Professeur Potts, un balai auto-nettoyant, avait explosé dans la boutique de M. Tibbins et couvert tout en suie.

« Je ne suis pas sûr que nous ayons besoin de quelque chose à l'envers », marmonna M. Flummox, l'épicier.

« Absurde ! » s'écria le Professeur Potts. « Vous verrez. La vie sera bien plus intéressante avec un peu de magie à l'envers ! »

Et avant que quiconque ne puisse l'arrêter, le Professeur Potts tira sur le levier.

Il y eut un grand vrombissement, suivi d'un flash lumineux. Le sol trembla sous les pieds des villageois, et soudain, tout changea.

Quand l'éclat se dissipa, les villageois se frottèrent les yeux et s'écrièrent de surprise. Le village entier avait été mis sens dessus dessous ! Les maisons pendaient du ciel, les cheminées pointant vers le sol. Les arbres avaient leurs racines en l'air, et les feuilles s'étiraient comme des parapluies à l'envers. Même les rues et les étals du marché étaient retournés, avec des fruits et des légumes flottant au-dessus des têtes des villageois.

Au début, ce fut le chaos. Les tartes de Mme Wibble s'envolèrent, et les étagères de bocaux de M. Flummox pendaient dangereusement du plafond de sa boutique renversée. Les enfants criaient de joie en flottant au-dessus du sol, mais leurs parents étaient bien moins amusés.

« Qu'as-tu fait, Potts ? » cria Mme Wibble, brandissant un rouleau à pâtisserie dans les airs alors qu'elle flottait, impuissante, à côté de sa boulangerie.

Le Professeur Potts se gratta la tête. « Eh bien, je n'attendais pas exactement ça », admit-il. « Mais ne vous inquiétez pas ! Je suis sûr que nous pouvons arranger les choses. »

Les villageois n'étaient pas convaincus, et ils passèrent le reste de la journée à grommeler en essayant de s'adapter à leur nouveau monde étrange. Certains flottaient trop haut et se retrouvaient coincés dans les arbres à l'envers, tandis que d'autres luttaient pour empêcher leurs affaires de s'envoler dans le ciel.

Mais au fil des jours, quelque chose de curieux commença à se produire.

Au début, les villageois essayaient simplement de s'adapter. Ils attachaient leurs chaussures à des pierres lourdes pour éviter de flotter, et utilisaient des échelles pour accéder à leurs maisons renversées. Mais bientôt, ils commencèrent à trouver des joies inattendues dans ce monde à l'envers.

La petite Lucy Figgins, qui avait toujours eu peur de grimper aux arbres, découvrit que dans le Village à l'Envers, elle pouvait flotter jusqu'aux plus hautes branches avec aisance. Elle passait ses après-midis à flotter dans les airs, riant alors que le vent chatouillait son visage.

M. Tibbins, le forgeron, trouva que travailler à l'envers n'était pas si mal après tout. En fait, cela lui donnait une toute nouvelle perspective sur son métier. Il se mit à fabriquer les plus belles sculptures métalliques à l'envers, que les villageois admiraient grandement.

Mme Wibble, dont les tartes flottaient auparavant, apprit à les cuire dans son four à l'envers, et elles sortaient encore plus légères et délicieuses qu'avant. « Le secret, c'est l'air ! » disait-elle avec un clin d'œil, tandis que ses tartes descendaient doucement vers les villageois.

Même M. Flummox, l'épicier grincheux, dut admettre que sa boutique à l'envers attirait plus de clients que jamais. Des gens venaient de loin pour voir les étagères flottantes et s'émerveiller devant les présentoirs renversés.

Les villageois découvrirent bientôt que leur nouveau monde n'était pas si mal après tout. Certes, cela demandait un certain temps d'adaptation, mais une fois qu'ils eurent accepté les changements, ils trouvèrent que la vie était beaucoup plus amusante. Ils organisaient des pique-niques à l'envers, où ils mangeaient des sandwiches flottants, et jouaient à cache-cache à l'envers, où les enfants flottaient dans les airs comme des ballons.

Quant au Professeur Potts, il était ravi des résultats. « Je savais que vous aimeriez ça ! » disait-il, en sautillant joyeusement. « L'Envers-O-Matique est peut-être allé un peu trop loin, mais regardez à quel point vous êtes devenus créatifs ! »

Un jour, après que les villageois se soient bien habitués à leurs vies à l'envers, un groupe de voyageurs arriva dans la vallée. Ils furent déconcertés par ce qu'ils voyaient — un village à l'envers, avec des gens flottant dans les airs et des maisons suspendues dans le ciel.

« Comment vivez-vous comme ça ? » demanda l'un des voyageurs, les yeux écarquillés.

Les villageois sourirent simplement. « Ce n'est pas si difficile une fois qu'on s'y habitue », dit Mme Wibble. « En fait, nous ne voudrions pas que ce soit autrement. »

Leo Figgins, qui était devenu un véritable aventurier depuis que le village s'était retourné, ajouta : « Nous avons appris que parfois, quand la vie vous retourne, il suffit de trouver le côté amusant. Vous pourriez découvrir quelque chose d'incroyable ! »

Les voyageurs partirent, toujours perplexes, mais les villageois savaient que leur monde à l'envers était quelque chose de spécial. Ils avaient appris à s'adapter, à trouver la joie dans l'inattendu, et à tirer le meilleur parti de chaque situation.

Et ainsi, le Village à l'Envers continua de prospérer, un endroit où la créativité, le rire et les tartes flottantes faisaient partie du quotidien.

The Boy with the Tree House of Secrets

At the edge of a quiet, sleepy village, where the fields stretched wide and the sky met the tops of the hills in a soft embrace, there stood a tree. It wasn't just any tree—it was an ancient oak, with roots that curled deep into the earth and branches that stretched high into the sky. The tree had been there for as long as anyone in the village could remember, but it wasn't until a boy named Finn came along that it became something magical.

Finn was a quiet boy with a heart full of wonder. He didn't speak much to others, but his mind was always racing, full of dreams and ideas. He had spent many afternoons sitting under the old oak tree, watching the sunlight dance through its leaves and imagining all the adventures he could have. One day, he decided to make that dream a reality.

He gathered all the tools he could find—old wooden boards, rusty nails, and a hammer that was much too big for his hands—and set to work. It took him weeks, working alone in the afternoons after school, but slowly, the structure began to take shape. With each day, his treehouse grew taller and more intricate, hidden high among the branches where no one else could see.

Finn didn't just want to build any treehouse; he wanted it to be a place filled with secrets, memories, and treasures. Every time he climbed up, he brought with him something special—an old photograph of his grandfather, a seashell he'd found at the beach, a note he had written to himself when he was younger but never opened. He placed them all carefully inside, each item a piece of his world, something too precious to share with anyone else.

When the treehouse was finally complete, it was more beautiful than Finn had ever imagined. It had windows that peeked out through the leaves, a ladder made of thick, twisted vines, and a trapdoor that only he knew how to open. Inside, it felt like a secret world—a place where time slowed down, and everything felt just right. Finn called it his Tree House of Secrets.

For a while, Finn kept his treehouse all to himself. It was his safe haven, a place where he could escape from the noise of the world and get lost in his own thoughts. But as the days passed, he began to feel a strange longing. The treehouse was wonderful, yes, but something was missing. It was too quiet, too lonely.

One afternoon, as Finn sat on the floor of the treehouse, staring at the treasures he had collected, he heard a soft voice from below.

"Finn? Are you up there?"

It was his friend, Maya, a girl from the village with bright eyes and an infectious laugh. Finn hesitated. He had never told anyone about his treehouse, and he wasn't sure he wanted to share it.

"Can I come up?" Maya called, her voice full of curiosity.

Finn looked around his secret hideaway. The walls were lined with his most precious memories, and for a moment, he wanted to keep them all to himself. But then, a thought crossed his mind: What if sharing his secrets didn't mean losing them? What if it meant something else—something bigger?

Taking a deep breath, Finn called back, "Okay, but you have to be careful. It's full of secrets."

Maya's eyes sparkled as she climbed the ladder, and when she reached the top, she gasped. "It's beautiful," she whispered, looking around at the tiny room filled with memories.

Finn watched her closely, waiting to feel the discomfort of someone else in his space. But instead, something unexpected happened. Maya's presence made the treehouse feel warmer, brighter. She didn't touch any of his treasures, didn't ask any questions, but simply sat beside him, gazing out through the leaves.

For a long while, they sat in silence, watching the sun dip below the horizon. And then, Maya did something that surprised Finn—she reached into her pocket and pulled out a tiny, worn-out feather.

"I found this when I was little," she said softly. "I thought it belonged to a bird from a faraway land. I used to keep it hidden, but maybe it belongs here."

She placed the feather gently on a shelf, beside one of Finn's old treasures. Finn felt a warmth spread through him—a feeling he hadn't expected. Sharing his space, his secrets, didn't make them any less special. In fact, it made them more meaningful.

From that day on, Finn began to invite others to his treehouse. He invited Thomas, the shy boy who always sat alone at lunch, and Lily, who loved to collect shiny rocks. Each person who climbed into the treehouse brought something new—an old coin, a pressed flower, a small, forgotten toy—and with each addition, the treehouse became richer, more alive.

As the seasons changed, the treehouse grew not just in treasures, but in stories. Each person who visited left a part of themselves behind, and in return, they took with them a sense of belonging. Finn realized that trust wasn't about keeping things hidden—it was about letting others in, about sharing the wonders of the world with the people who mattered most.

One evening, as the first stars began to twinkle in the sky, Finn sat in his treehouse, surrounded by his friends. The walls were now filled with the memories of many—photographs, trinkets, and tiny treasures that told stories of friendship and trust. The treehouse, once a secret place just for him, had become a sanctuary for everyone, a place where they could all be themselves.

Maya looked over at Finn and smiled. "It's even better now, isn't it?"

Finn nodded, a peaceful warmth settling over him. "Yeah," he said quietly, "it is."

And so, the Tree House of Secrets became a place where trust and friendship grew as tall and strong as the ancient oak itself. Finn had learned that sharing didn't mean losing; it meant gaining something far more precious—connection, joy, and the simple magic of being together.

Le Garçon et la Cabane aux Secrets

Au bord d'un village paisible et endormi, où les champs s'étendaient à perte de vue et où le ciel semblait embrasser doucement le sommet des collines, se dressait un arbre. Mais ce n'était pas n'importe quel arbre—c'était un chêne ancien, dont les racines s'enfonçaient profondément dans la terre et dont les branches s'étiraient vers le ciel. L'arbre était là depuis aussi longtemps que les villageois pouvaient s'en souvenir, mais il n'était devenu magique qu'à l'arrivée d'un garçon nommé Finn.

Finn était un garçon calme, le cœur plein de curiosités. Il ne parlait pas beaucoup aux autres, mais son esprit était toujours en effervescence, rempli de rêves et d'idées. Il avait passé de nombreux après-midis sous l'ancien chêne, à regarder la lumière du soleil danser à travers les feuilles et à imaginer toutes sortes d'aventures. Un jour, il décida de réaliser l'un de ses rêves.

Il rassembla tout ce qu'il pouvait trouver—de vieilles planches de bois, des clous rouillés, et un marteau bien trop grand pour ses petites mains—et se mit à l'œuvre. Cela lui prit des semaines, travaillant seul après l'école chaque après-midi, mais petit à petit, la structure commença à prendre forme. Chaque jour, sa cabane grandissait, cachée haut dans les branches, là où personne ne pouvait la voir.

Finn ne voulait pas seulement construire une cabane quelconque ; il voulait qu'elle soit un lieu rempli de secrets, de souvenirs et de trésors. À chaque fois qu'il montait dans sa cabane, il apportait quelque chose de spécial—une vieille photo de son grand-père, un coquillage qu'il avait trouvé à la plage, une lettre qu'il s'était écrite quand il était plus jeune mais qu'il n'avait jamais ouverte. Il plaçait chaque objet avec soin, chacun représentant une part de son monde, un monde trop précieux pour être partagé avec quiconque.

Lorsque la cabane fut enfin terminée, elle était encore plus belle que Finn ne l'avait imaginé. Elle avait des fenêtres qui donnaient sur les feuilles, une échelle faite de grosses lianes tordues, et une trappe que seul Finn savait ouvrir. À l'intérieur, il se sentait comme dans un monde secret—un endroit où le temps ralentissait et où tout semblait parfait. Finn l'appela la Cabane aux Secrets.

Pendant un temps, Finn garda sa cabane pour lui seul. C'était son refuge, un lieu où il pouvait échapper au bruit du monde et se perdre dans ses pensées. Mais avec les jours qui passaient, il commença à ressentir un étrange manque. La cabane était merveilleuse, certes, mais quelque chose lui manquait. C'était trop silencieux, trop solitaire.

Un après-midi, alors que Finn était assis sur le plancher de la cabane, à regarder les trésors qu'il avait accumulés, il entendit une petite voix venant d'en bas.

« Finn ? Tu es là-haut ? »

C'était Maya, une fille du village aux yeux pétillants et au rire contagieux. Finn hésita. Il n'avait jamais parlé de sa cabane à personne, et il n'était pas sûr de vouloir la partager.

« Je peux monter ? » demanda Maya, curieuse.

Finn regarda autour de son refuge secret. Les murs étaient remplis de ses souvenirs les plus précieux, et pendant un instant, il voulut tout garder pour lui. Mais alors, une pensée traversa son esprit : Et si partager ses secrets ne signifiait pas les perdre ? Et si cela voulait dire autre chose, quelque chose de plus grand ?

Prenant une profonde inspiration, Finn répondit : « D'accord, mais fais attention. Elle est remplie de secrets. »

Les yeux de Maya brillèrent tandis qu'elle montait l'échelle, et lorsqu'elle atteignit le sommet, elle s'exclama : « C'est magnifique ! » murmura-t-elle, en regardant la petite pièce remplie de souvenirs.

Finn l'observa attentivement, s'attendant à ressentir un malaise d'avoir quelqu'un d'autre dans son espace. Mais à la place, quelque chose d'inattendu se produisit. La présence de Maya rendit la cabane plus chaleureuse, plus lumineuse. Elle ne toucha à aucun de ses trésors, ne posa aucune question, mais s'assit simplement à côté de lui, regardant à travers les feuilles.

Ils restèrent assis longtemps en silence, à observer le soleil descendre derrière l'horizon. Puis, Maya fit quelque chose qui surprit Finn—elle sortit de sa poche une petite plume usée.

« Je l'ai trouvée quand j'étais petite, » dit-elle doucement. « Je pensais qu'elle appartenait à un oiseau venu d'un pays lointain. Je la gardais cachée, mais peut-être qu'elle a sa place ici. »

Elle posa délicatement la plume sur une étagère, à côté de l'un des vieux trésors de Finn. Finn sentit une chaleur envahir son cœur—une sensation qu'il n'avait pas anticipée. Partager son espace, ses secrets, ne les rendait pas moins précieux. En fait, cela les rendait plus significatifs.

À partir de ce jour, Finn commença à inviter d'autres amis dans sa cabane. Il invita Thomas, le garçon timide qui mangeait toujours seul à la cantine, et Lily, qui adorait collectionner des cailloux brillants. Chaque personne qui montait dans la cabane apportait quelque chose de nouveau—une vieille pièce de monnaie, une fleur pressée, un petit jouet oublié—et avec chaque ajout, la cabane devenait plus riche, plus vivante.

Au fil des saisons, la cabane grandit, non seulement en trésors, mais aussi en histoires. Chaque personne qui la visitait laissait une part d'elle-même derrière, et en retour, elle emportait avec elle un sentiment d'appartenance. Finn réalisa que la confiance ne consistait pas à garder les choses cachées, mais à laisser les autres entrer, à partager les merveilles du monde avec ceux qui comptaient le plus.

Un soir, alors que les premières étoiles scintillaient dans le ciel, Finn était assis dans sa cabane, entouré de ses amis. Les murs étaient désormais remplis des souvenirs de nombreux autres—des photographies, des bibelots, et des petits trésors racontant des histoires d'amitié et de confiance. La cabane, autrefois un lieu secret juste pour lui, était devenue un sanctuaire pour tous, un endroit où chacun pouvait être lui-même.

Maya regarda Finn et sourit. « C'est encore mieux maintenant, n'est-ce pas ? »

Finn hocha la tête, un sentiment de paix l'envahissant. « Oui, » répondit-il doucement, « c'est vrai. »

Et ainsi, la Cabane aux Secrets devint un lieu où la confiance et l'amitié grandissaient aussi haut et fort que le vieux chêne lui-même. Finn avait appris que partager ne signifiait pas perdre, mais gagner quelque chose de bien plus précieux—la connexion, la joie, et la simple magie d'être ensemble.

The Unusual Detective

In the bustling town of Muddlebrook, where the streets were lined with quirky shops and everyone knew each other's business, there lived a boy named Oliver Pickles. Now, Oliver wasn't your typical boy. While most kids his age spent their time kicking footballs, riding bikes, or playing video games, Oliver had a different passion: solving mysteries.

Oliver's imagination was as wild as the untamed jungles he often read about in adventure books. His brain was constantly whirring, filled with thoughts of secret codes, hidden tunnels, and mysterious happenings around every corner. But the truth was, nothing exciting ever happened in Muddlebrook. Well, nothing exciting until Oliver became the town's most unusual detective.

It all began one rainy afternoon when Oliver, armed with a magnifying glass and a notepad, decided to start his detective agency: Pickles Private Investigations. His "office" was his bedroom, which he'd transformed into a detective's den—complete with a world map, newspaper clippings on the walls, and a bookshelf stacked with detective novels. He even had a fedora, though it was too big and kept slipping over his eyes.

But Oliver didn't care. In his mind, he was a real detective, and all he needed was a case to prove it.

One morning at school, during the chaos of Monday's math class, Oliver's chance finally arrived. A frantic voice rang through the corridors: "My homework! My homework is missing!"

The voice belonged to Lucy Barnes, the smartest girl in class, and someone who never lost anything. If her homework was missing, it had to be foul play. Oliver's heart raced. This was no ordinary missing assignment. No, this was his big break—the mystery that would put Pickles Private Investigations on the map.

Oliver adjusted his fedora and sprang into action. He marched straight up to Lucy, who was pacing the classroom like a trapped tiger.

"Lucy," Oliver began, his voice dripping with authority, "don't worry. I'm on the case."

Lucy raised an eyebrow. "You? A detective?"

"Not just any detective," Oliver said, with a dramatic pause. "The best. And I will find your missing homework."

Lucy looked skeptical, but she nodded. "Alright, Oliver. If you think you can solve it, go ahead. But hurry—Mrs. Crumble will be here any minute!"

Oliver nodded seriously, pulling out his notepad. The case had officially begun.

The first step in any good mystery, according to all the detective novels Oliver had read, was to examine the crime scene. So, with Lucy by his side, Oliver approached her desk. He crouched low, his magnifying glass hovering over the floor.

"What are you doing?" Lucy asked.

"Looking for clues," Oliver whispered dramatically. "Ah-ha! A piece of gum under the desk. Interesting..."

"Oliver, that's been there for weeks."

"Of course," he said, straightening up. "Just ruling it out. Now, tell me exactly what happened."

Lucy sighed. "I finished my homework last night, put it in my folder, and then this morning, it was gone! I've looked everywhere—my bag, my desk, even the library."

Oliver tapped his chin thoughtfully. "It's obvious," he muttered. "This is no ordinary disappearance. This... is a conspiracy."

Lucy stared at him. "A conspiracy? It's just my homework, Oliver."

"Ah, but that's what they want you to think," he replied, his eyes narrowing. "Whoever took your homework is part of something much bigger. Trust me."

Oliver set off on his investigation with gusto, his mind buzzing with possibilities. He was certain there was more to the missing homework than met the eye. Maybe it had been stolen by an underground homework syndicate, or perhaps aliens had taken it to study Earthly school systems. Or, it could be—he shuddered to think—pirates.

Oliver's first suspect was Kevin Butterfingers, the class clown who was always up to something. Kevin was notorious for pulling pranks, and Oliver was convinced this was no different.

"Kevin!" Oliver shouted as he marched up to the playground where Kevin was juggling two footballs.

"What's up, Pickles?" Kevin grinned.

"I have reason to believe you've stolen Lucy's homework. What do you have to say for yourself?"

Kevin laughed. "Why would I want Lucy's homework? I can't even finish my own."

Oliver frowned. "That's exactly what someone guilty would say."

"Oliver," Kevin said, still chuckling, "I've been too busy practicing my juggling routine for gym class. I don't have time to steal homework."

Oliver studied Kevin's face closely, but it was hard to tell if he was lying. In the end, he decided to let him off—for now.

Next, Oliver went to the library to interrogate the next likely suspect: Penelope Prim, who always got the best grades after Lucy. Jealousy, Oliver figured, could drive anyone to desperate measures.

Penelope was sitting at her usual spot by the window, reading a thick book.

"Penelope," Oliver said, his voice low. "We need to talk."

Penelope looked up, confused. "About what?"

"Lucy's homework. It's missing, and I have a feeling you might know something about it."

"Are you serious?" Penelope frowned. "Why would I care about Lucy's homework? I have my own work to do."

Oliver squinted, trying to read her expression. "Maybe you wanted to sabotage her? Take the top spot?"

Penelope rolled her eyes. "Oliver, if I wanted to beat Lucy, I'd do it fair and square. Now, if you don't mind, I have studying to do."

Hours passed, and despite his best efforts, Oliver still hadn't cracked the case. He returned to Lucy, feeling dejected. "I've questioned the suspects, searched the premises, and even considered aliens, but... nothing."

Lucy sighed. "I guess I'll just have to tell Mrs. Crumble I lost it."

But just as she spoke, something clicked in Oliver's brain. A small detail he had overlooked earlier.

"Wait a minute," Oliver said, snapping his fingers. "You said you checked your bag this morning, right?"

Lucy nodded.

"And you were in the library?"

"Yes..."

Oliver's eyes widened. "Of course! The janitor!"

"The janitor?"

Oliver explained, his words tumbling out excitedly. "The janitor always sweeps the classrooms in the morning, and anything left on the floor gets put in the lost and found. Your homework must have fallen out of your bag in the library, and he picked it up!"

Lucy's eyes lit up. "Of course! Let's go check!"

Sure enough, when they raced to the lost and found, there it was—Lucy's missing homework, slightly crumpled but otherwise intact.

"You did it, Oliver!" Lucy beamed.

Oliver tipped his fedora with a grin. "Another case solved by Pickles Private Investigations."

Word spread quickly through Muddlebrook about Oliver's incredible detective skills. Sure, his methods were a bit... unconventional, but no one could deny that he got results. Soon, the whole town was calling on him for help, from finding lost pets to uncovering the mystery of who ate the last slice of cake at the bakery.

And as for Oliver, he learned something important through all his adventures: Being unusual wasn't a bad thing. In fact, it was his overactive imagination and unique way of thinking that made him the best detective in town.

After all, who else could turn a missing homework assignment into a grand conspiracy?

Le Détective Insolite

Dans la ville animée de Muddlebrook, où les rues étaient bordées de boutiques originales et où tout le monde connaissait les affaires des autres, vivait un garçon nommé Oliver Pickles. Oliver n'était pas un garçon comme les autres. Alors que la plupart des enfants de son âge passaient leur temps à jouer au football, à faire du vélo ou à jouer aux jeux vidéo, Oliver avait une passion différente : résoudre des mystères.

L'imagination d'Oliver était aussi sauvage que les jungles inexplorées dont il lisait souvent dans ses livres d'aventures. Son cerveau était en constante ébullition, rempli de pensées de codes secrets, de tunnels cachés et d'événements mystérieux à chaque coin de rue. Mais en vérité, rien d'excitant ne se passait jamais à Muddlebrook. Enfin, rien d'excitant jusqu'à ce qu'Oliver devienne le détective le plus insolite de la ville.

Tout commença un après-midi pluvieux, lorsque Oliver, armé d'une loupe et d'un carnet, décida de créer sa propre agence de détective : Pickles Investigations Privées. Son "bureau" était sa chambre, qu'il avait transformée en repaire de détective — avec une carte du monde, des coupures de journaux aux murs et une étagère remplie de romans policiers. Il avait même un fedora, bien qu'il soit trop grand et ne cessait de lui tomber sur les yeux.

Mais cela n'importait pas à Oliver. Dans sa tête, il était un vrai détective, et tout ce dont il avait besoin, c'était d'une affaire pour le prouver.

Un matin à l'école, pendant le chaos du cours de mathématiques du lundi, l'occasion d'Oliver se présenta enfin. Une voix paniquée résonna dans les couloirs : « Mes devoirs ! Mes devoirs ont disparu ! »

La voix appartenait à Lucy Barnes, la fille la plus intelligente de la classe, et quelqu'un qui ne perdait jamais rien. Si ses devoirs avaient disparu, cela ne pouvait être qu'une mauvaise action. Le cœur d'Oliver s'emballa. Ce n'était pas une simple disparition de devoirs. Non, c'était son grand moment — le mystère qui mettrait Pickles Investigations Privées sur la carte.

Oliver ajusta son fedora et se mit en action. Il marcha droit vers Lucy, qui arpentait la salle de classe comme un tigre en cage.

« Lucy, » commença Oliver, sa voix pleine d'autorité, « ne t'inquiète pas. Je m'en occupe. »

Lucy haussa un sourcil. « Toi ? Un détective ? »

« Pas n'importe quel détective, » répliqua Oliver, avec une pause dramatique. « Le meilleur. Et je vais retrouver tes devoirs. »

Lucy avait l'air sceptique, mais elle hocha la tête. « D'accord, Oliver. Si tu penses pouvoir résoudre l'affaire, vas-y. Mais dépêche-toi — Mme Crumble sera là d'une minute à l'autre ! »

Oliver hocha la tête sérieusement, sortant son carnet. L'enquête venait officiellement de commencer.

La première étape dans toute bonne enquête, selon tous les romans policiers qu'Oliver avait lus, était d'examiner la scène du crime. Alors, avec Lucy à ses côtés, Oliver s'approcha de son bureau. Il se pencha, sa loupe flottant au-dessus du sol.

« Qu'est-ce que tu fais ? » demanda Lucy.

« Je cherche des indices, » murmura Oliver d'un ton dramatique. « Ah-ha ! Un morceau de chewing-gum sous le bureau. Intéressant... »

« Oliver, il est là depuis des semaines. »

« Bien sûr, » dit-il en se redressant. « Je l'élimine comme piste. Maintenant, raconte-moi exactement ce qui s'est passé. »

Lucy soupira. « J'ai fini mes devoirs hier soir, je les ai mis dans mon dossier, et ce matin, ils avaient disparu ! J'ai cherché partout — dans mon sac, à mon bureau, même à la bibliothèque. »

Oliver se caressa le menton, pensif. « C'est évident, » murmura-t-il. « Ce n'est pas une simple disparition. C'est... un complot. »

Lucy le regarda fixement. « Un complot ? Ce ne sont que mes devoirs, Oliver. »

« Ah, mais c'est ce qu'ils veulent que tu penses, » répliqua-t-il, les yeux plissés. « Celui qui a pris tes devoirs fait partie de quelque chose de beaucoup plus grand. Fais-moi confiance. »

Oliver se lança dans son enquête avec enthousiasme, l'esprit en ébullition de possibilités. Il était certain qu'il y avait plus derrière ces devoirs disparus qu'il n'y paraissait. Peut-être avaient-ils été volés par un syndicat clandestin spécialisé dans les devoirs, ou peut-être que des extraterrestres les avaient pris pour étudier les systèmes scolaires terriens. Ou encore, cela pouvait être—Oliver frissonna à cette pensée—des pirates.

Le premier suspect d'Oliver était Kevin Butterfingers, le pitre de la classe, toujours en train de faire des bêtises. Kevin était célèbre pour ses farces, et Oliver était convaincu que celle-ci ne faisait pas exception.

« Kevin ! » cria Oliver en s'avançant vers la cour de récréation où Kevin jonglait avec deux ballons de football.

« Quoi de neuf, Pickles ? » sourit Kevin.

« J'ai de bonnes raisons de croire que tu as volé les devoirs de Lucy. Qu'as-tu à dire pour ta défense ? »

Kevin éclata de rire. « Pourquoi je voudrais les devoirs de Lucy ? Je n'arrive même pas à finir les miens. »

Oliver fronça les sourcils. « C'est exactement ce que dirait quelqu'un de coupable. »

« Oliver, » dit Kevin en riant encore, « j'ai été trop occupé à m'entraîner pour ma routine de jonglage pour le cours de gym. Je n'ai pas le temps de voler des devoirs. »

Oliver scruta le visage de Kevin, mais il était difficile de savoir s'il mentait. Finalement, il décida de le laisser tranquille—pour l'instant.

Ensuite, Oliver se rendit à la bibliothèque pour interroger le prochain suspect potentiel : Penelope Prim, qui obtenait toujours les meilleures notes après Lucy. La jalousie, pensa Oliver, pouvait pousser n'importe qui à des mesures désespérées.

Penelope était assise à sa place habituelle près de la fenêtre, lisant un gros livre.

« Penelope, » dit Oliver à voix basse. « Il faut qu'on parle. »

Penelope leva les yeux, confuse. « De quoi ? »

« Les devoirs de Lucy. Ils ont disparu, et j'ai le sentiment que tu en sais quelque chose. »

« Tu es sérieux ? » Penelope fronça les sourcils. « Pourquoi est-ce que ça m'intéresserait ? J'ai mes propres devoirs à faire. »

Oliver plissa les yeux, essayant de déchiffrer son expression. « Peut-être que tu voulais la saboter ? Lui prendre la première place ? »

Penelope leva les yeux au ciel. « Oliver, si je voulais battre Lucy, je le ferais à la régulière. Maintenant, si tu permets, j'ai des révisions à faire. »

Les heures passèrent, et malgré ses efforts, Oliver n'avait toujours pas résolu l'affaire. Il retourna vers Lucy, découragé. « J'ai interrogé les suspects, fouillé les lieux et même envisagé des extraterrestres, mais... rien. »

Lucy soupira. « Je suppose que je vais devoir dire à Mme Crumble que je les ai perdus. »

Mais à cet instant précis, quelque chose fit tilt dans l'esprit d'Oliver. Un petit détail qu'il avait négligé plus tôt.

« Attends une minute, » dit Oliver en claquant des doigts. « Tu as dit que tu avais vérifié ton sac ce matin, n'est-ce pas ? »

Lucy hocha la tête.

« Et tu étais à la bibliothèque ? »

« Oui... »

Les yeux d'Oliver s'écarquillèrent. « Bien sûr ! Le concierge ! »

« Le concierge ? »

Oliver expliqua, ses mots sortant précipitamment tant il était excité. « Le concierge balaie toujours les salles de classe le matin, et tout ce qui traîne par terre est mis dans les objets trouvés. Tes devoirs ont dû tomber de ton sac à la bibliothèque, et il les a ramassés ! »

Les yeux de Lucy s'illuminèrent. « Bien sûr ! Allons vérifier ! »

Effectivement, lorsqu'ils coururent vers la boîte des objets trouvés, ils y trouvèrent les devoirs de Lucy, légèrement froissés mais intacts.

« Tu l'as fait, Oliver ! » s'exclama Lucy, rayonnante.

Oliver souleva son fedora avec un sourire. « Une autre affaire résolue par Pickles Investigations Privées. »

La nouvelle se répandit rapidement à Muddlebrook à propos des incroyables talents de détective d'Oliver. Certes, ses méthodes étaient un peu... inhabituelles, mais personne ne pouvait nier qu'il obtenait des résultats. Bientôt, toute la ville fit appel à lui pour de l'aide, que ce soit pour retrouver des animaux de compagnie perdus ou pour découvrir qui avait mangé la dernière part de gâteau à la boulangerie.

Quant à Oliver, il apprit quelque chose d'important à travers toutes ses aventures : Être insolite n'était pas une mauvaise chose. En fait, c'était son imagination débordante et sa façon de penser unique qui faisaient de lui le meilleur détective de la ville.

Après tout, qui d'autre aurait pu transformer une disparition de devoirs en une grande conspiration ?

Milton Keynes UK
Ingram Content Group UK Ltd.
UKHW020259021124
450424UK00013B/1081